Influência

Influência

Renato Ortiz

alameda

Grafia atualizada segundo o Acordo Ortográfico da Língua Portuguesa de 1990, que entrou em wswvigor no Brasil em 2009.

Edição: Haroldo Ceravolo Sereza
Assistente acadêmica: Tamara Santos
Projeto gráfico, diagramação e capa: Emanuela Godoy
Revisão: Alexandra Colontini

CIP-BRASIL. CATALOGAÇÃO NA PUBLICAÇÃO
SINDICATO NACIONAL DOS EDITORES DE LIVROS, RJ

O89i

Ortiz, Renato, 1947-
Influência / Renato Ortiz. - 1. ed. - São Paulo : Alameda, 2025.
123 p. ; 18 cm.

Inclui bibliografia e índice
ISBN 9786559663309

1. Comunicação digital - Aspectos sociais. 2. Comunicação de massa e cultura. 3. Opinião pública. 4. Influência (Psicologia). I. Título.

CDD: 302.23
25-96861.0 CDU: 316.772.34:159.922.27

Meri Gleice Rodrigues de Souza - Bibliotecária - CRB-7/6439

14/03/2025 20/03/2025

ALAMEDA CASA EDITORIAL
Rua 13 de Maio, 353 – Bela Vista
CEP 01327-000 – São Paulo, SP
Tel. (11) 3012-2403
www.alamedaeditorial.com.br

Para "Laurinha"

Livreto: opúsculo separado da composição musical que contém os diálogos cantados permitindo ao espectador seguir a apresentação de uma ópera, oratório ou cantata. Com um pequeno guia à mão ele o remete a uma história que se passa a sua revelia. Este pequeno livro tem o intuito de introduzir o leitor a um conto da contemporaneidade.

SUMÁRIO

NEOLOGISMOS

Define-se neologismo como a criação de palavras novas ou a ressignificação de termos antigos de um determinado idioma. É como se as línguas, para se fazerem presentes, tivessem de inventar expressões que as ajustassem à celeridade do tempo. Os gramáticos, ciosos de sua autoridade, acreditam ser os reguladores da língua, isto é, da manutenção dos padrões da escrita e da fala, consideram o arcaísmo como o seu antônimo, ressaltam o movimento que a ele se opõe. A noção designa aquilo que está em desuso, os termos que caem ou caíram no esquecimento (em português: ceroula, vosmecê, alcaide, alcunha). O destino de uma língua se constrói através da incorporação de significados novos e de ausências, o acúmulo de elementos recentes e a ruína daquilo que se tornou ana-chronos. Entretanto, há momentos em que as transformações sociais são substantivas e para nomear a variedade de coisas que delas advém, exige-se dos idiomas um esforço maior. Um bom exemplo é a revolução industrial, a singularidade desta configuração social (ruptura da ordem aristocrática, migração do campo para a cidade, invenção do vapor, fábricas, urbanização das metrópoles, advento do Estado moderno) implica uma circunstância que embaralha o ordenamento do vocabulário vigente. O ato de nomeação não pode mais se prender a apenas ao que existia antes, novos termos, ou antigos, com outra conotação, são necessários para "contar" a imediatez do atual. Surge assim uma plêiade de palavras desconhecidas: industrial, científico, classe trabalhadora, sociologia, ideologia, proletariado, estrada de ferro, conservador (em política), socialismo, jornalismo, greve, gastronomia, pessimismo (o mesmo destino terá o termo revolução). Baudelaire, para descrever essa nova condição, cunha o neologismo modernidade, ele denota o espectro das transformações em curso, da política às artes, da fábrica à vida quotidiana. Mesmo para se entender o passado novos conceitos são elaborados, é o caso de Renascimento, agora com maiúscula (também pré-história). A palavra adquire outro significado ao denominar um determinado período histórico, em particular italiano, no qual as ciências e as artes, inspirando-se na herança da Antiguidade (reinterpretada segundo a conveniência dos artistas), prenuncia uma nova era. Neste sentido, pode-se dizer que os neologismos são marcadores linguísticos de metamorfoses profundas, indicam não apenas objetos, práticas ou ideias, mas um processo mais amplo que nos remete a outra natureza de eventos. Algo semelhante ocorre nos dias atuais. São várias as expressões que sublinham a emergência de realidades que inexistiam no passado recente (modernidade do século XIX e parte do XX): capitalismo flexível, sociedade em rede, fim das fronteiras, sociedade de informação, globalização, sociedade do conhecimento, pós-modernidade, precarização do trabalho, realidade virtual, diversidade, presencial, flexibilidade, pós-verdade etc. A língua deve dobrar-se sobre si mesma e encontrar maneiras de dizer aquilo que se encontra à vista. O universo da internet e das redes sociais é sugestivo a esse respeito, os neologismos aí encontram um terreno fértil para marcar o contemporâneo: blog, blogueiro, vlog, blogosfera, clicar, deletar, baixar, subir, avatar, trolar, viral, meme, nude. Alguns desses termos são estrangeirismos, empréstimos de línguas estrangeiras (em particular do inglês, idioma da modernidade-mundo), é o caso de online, site, web; outros são aportuguesados adaptando-se à escrita corrente (clicar). Alguns deles, após passarem pelo crivo dos gramáticos (eles decidem sobre o padrão linguístico legítimo) integram o Dicionário (arquivo ideal da Língua nacional), outros não, talvez desapareçam ou figurem nos vocabulários de gírias, retrato fugaz e instável da atualidade (é o caso de "tuitar", sua vida foi efêmera ao se transformar em "X"). De qualquer maneira, são indícios significativos das mudanças, funcionam como evidências de uma ordem que se transformou.

O termo influenciador é no mínimo esdrúxulo, embora expressivo ao falar da contemporaneidade digital. Influência faz parte do léxico de vários idiomas, entretanto, a maneira como a entendemos atualmente aplica-se a um grupo específico de indivíduos, e muitos se perguntam se não estaríamos diante de uma nova profissão. Influir provém do latim clássico, deriva do verbo *influo* que em uma de suas flexões torna-se *influere*. Possui várias acepções: algo que flui numa determinada direção, um rio, um afluente [*lacus qui in flumen Rhodanum influit*; lago cujas águas correm para o Ródano]; mas significa também insuflar ar em um recipiente ou esperança em alguém; diz-se ainda que os poetas são inspirados (influem-se) por um sopro divino. Influência tem outra etimologia, origina-se do latim medieval: *influentia*. Acreditava-se na época, era um termo da Física, que se tratava de um fluxo proveniente do céu e dos astros, capaz de agir sobre os seres humanos e as coisas. Existiria assim causalidades misteriosas, mecanismos invisíveis que escapariam à observação direta e atuariam enquanto causas à distância de certos fenômenos: influência do sol sobre a agulha da bússola; influência de um vírus no corpo humano, pois os distúrbios físicos seriam decorrentes dos humores dos astros (daí *influenza*). É somente no final do século XVIII que a conotação relativa aos corpos celestes declina para cristalizar-se no verbo influenciar, espécie de força que age sobre o espírito mesmo a uma distância considerável (assim dizia Condorcet em *Esboço de um quadro histórico do progresso do espírito humano*). Não se deve assimilar inteiramente influir a influenciar, eles recobrem campos de significados distintos. Ambos são verbos transitivos (aqueles que precisam de um complemento para serem compreendidos), mas o primeiro é indireto, o segundo direto. O que os diferencia é o uso da preposição, é ela que estabelece o vínculo com a regência verbal. Diferença sutil. Vejamos as frases: "alguém influenciou a conduta de alguém"; "alguém influiu na conduta de alguém". A preposição (na) transforma o sentido da sentença. Em um enunciado é a conduta, no singular, em sua totalidade, que é atingida por determinada intenção; em outro, a referência diz respeito a uma certa maneira de se comportar. Influenciar pede complemento direto, visa o conjunto daquilo que é almejado, influir contenta-se com a restrição deste movimento, ele é parcial. Os influenciadores são ambiciosos, como os astros na Idade Média misteriosamente aspiram determinar a órbita do destino humano.

O neologismo influenciador é recente, entretanto, é surpreendente a rapidez com a qual foi incorporado ao repertório linguístico, tornou-se banal a ponto de esquecermos que é fruto de uma história de poucos anos atrás. Não me refiro à temporalidade dos historiadores, ela tende a ser longa e distante, mas ao próprio desenvolvimento da informática e o seu desdobramento: a Internet. O mundo digital nasce da convergência e da conveniência de interesses científicos e militares, desde o início, a partir do fim da Segunda Guerra, as pesquisas que se fazem envolvem objetivos acadêmicos e bélicos. Dentro deste contexto inventa-se o computador, a linguagem de programação das máquinas, e desenvolve-se o material técnico para garantir as operações em curso (*hardware*). De certa forma tudo se resume à ideia de informação, ela deve circular dentro de um ambiente o mais extenso possível. Isso implica a diferença entre o sentido e a forma das mensagens. O que interessa não é o conteúdo, mas possibilidade de reduzi-lo a um formato passível de ser tecnicamente tratado. O universo digital transforma a mídia na qual os conteúdos se materializam (escrita, som, imagem) em dígitos binários processados pela tecnologia disponível. Este passo fundamental (tornou-se corriqueiro: escutar música no celular, assistir filmes no tablet, enviar ou receber um texto) requer a existência de um procedimento de decodificação das mensagens, máquinas para o seu processamento, e sobretudo um mecanismo capaz de interligar os diferentes pontos de uma rede de comunicação, sistema integrado no qual as partes que o compõem encontram-se ligadas umas às outras. O digital não pode prescindir da ideia de conexão, ela é sua razão de ser. Entre 1945 e 1970 são realizados vários progressos nesta direção, mas o resultado é ainda limitado (as pessoas não estão conectadas, como se diz em linguagem popular). A ARPANET (Advanced Research Projects Agency Network), criada em 1962, congrega apenas um grupo seleto de membros, interligando algumas universidades a diferentes órgãos do Departamento de Estado norte-americano (em 1969 é enviado o primeiro e-mail, um êxito de comunicação). A partir deste momento as grandes corporações privadas americanas manifestam o interesse em construir suas próprias redes de comunicação. A ARPANET deixa de existir sendo dividida em duas: a rede militar (Milnet) e a civil (Internet). Porém, resta um longo caminho a ser percorrido. A Web, isto é, uma rede mundial de páginas interligadas entre si, surge bem posteriormente

(1991). Se tivermos como parâmetro este evento, a invenção da página Web, ou até mesmo, a partir de 2004 o advento da Web 2.0 (segunda geração da internet que passa a utilizar os aplicativos interativos nas redes sociais), percebe-se que a emergência dos influenciadores é ainda mais tardia. Dizem os estudiosos, data de 2015, algo assim, quando os blogueiros (produtores de textos escritos) e os vlogueiros (produtores de vídeos) passam a ser percebidos em função do impacto que exercem junto ao público receptor. Eles se tornam assim pequenas celebridades, habitam os jornais, revistas, programas de televisão, e claro, a internet.

INTELECTUAIS, MEDIADORES SIMBÓLICOS, INFLUENCIADORES

MAS O QUE ELES SIGNIFICAM? Pode-se responder à pergunta buscando uma definição, a encontramos nos dicionários e nas páginas Web: "alguém que influencia alguém", "pessoa que inspira ou guia as ações dos outros". As frases são autoexplicativas e inócuas, pouco esclarecem sobre o que se quer apreender. Os linguistas nos ensinam que o significado das palavras não reside apenas nelas mesmas, em sua identidade, mas na relação que estabelecem com outras palavras. O sentido de "mãe" torna-se mais compreensivo ao se contrapor à "pai", "filha", "irmão", "avó", "tio", enfim, a todo um sistema de parentesco que esclarece a posição que ocupa. Há uma diferença entre a definição de algo, aquilo que "é", e o sentido que ele adquire ao se confrontar com outros significados. Muitas vezes as definições tendem a ser insatisfatórias, não em si mesmas, mas pelo fato de sua singularidade impedir o entendimento de toda uma constelação de sentido no interior da qual elas se movem. O significado de influenciador se explicita melhor quando se estabelece o contraste com duas outras categorias: intelectuais e mediadores simbólicos. A alteridade entre os termos é esclarecedora, revela traços que as vezes permanecem à sombra. Afinal, influenciadores, intelectuais e mediadores simbólicos operam na esfera pública, esse é o lugar privilegiado de suas atuações. Neste sentido, o que interessa não é considerar se tal intelectual ou tal mediador seria ou não um "influenciador", por exemplo, quando se diz que um político, um religioso ou um jornalista esportivo, teria influência sobre o seu público. Utilizo os termos intelectuais, mediadores, influenciadores, como categorias analíticas distintas; ao estabelecer o contraponto (e não uma comparação) entre eles, consigo retirar alguns aspectos relevantes para minha reflexão.

A noção de intelectual é polissêmica, sendo recoberta por várias acepções. Aponto brevemente para algumas delas: intelligentsia, grupo distinto do resto da sociedade por sua educação; seriam os pensadores, aqueles capazes de compreender de maneira relativamente "isenta" as contradições sociais. Intelectual público: tradição que se consolida a partir do debate em torno do caso Dreyfus (1894-1906), quando Zola, ao tomar posição contra o antissemitismo francês, escreve *J'Accuse*. O intelectual público é aquele que se mete naquilo que não é de sua conta, isto é, alguém cuja autoridade é reconhecida pelos pares e que exerce esta autoridade na esfera pública (o escritor que se pronuncia contra as arbitrariedades do Estado; o físico que se posiciona contra a bomba atômica). O termo se associa ainda à ideia de trabalho intelectual, forma de distingui-lo, corretamente ou não, de trabalho manual. Entretanto, para encaminhar meu raciocínio gostaria de enfatizar um aspecto: os intelectuais são aqueles que dão sentido ao mundo; elaboram um tipo de explicação que se constitui como uma totalidade. O mundo é uma vastidão e cada um de nós o experimenta de maneira distinta, portanto, a questão que se coloca é: como conferir sentido a diversidade de experiências. Os intelectuais realizam esta façanha, dão coerência ao que se encontra disperso, juntam as partes no interior de uma totalidade integrada e coerente, em si, e para os outros. Essa é a tarefa dos intelectuais orgânicos (diria Gramsci) ou dos teólogos, eles elaboram uma "filosofia", dão organicidade a uma explicação discursiva capaz de traduzir de maneira convincente aquilo que nos cerca. Pode-se assim responder às dúvidas e inquietações das pessoas: como e por que as classes dominantes exercem o poder sobre as classes dominadas (política); como e por que o pecado é uma nódoa que nos afasta do caminho da salvação (tradição cristã); como e por que o racismo se manifesta na sociedade (movimentos identitários); como e por que a felicidade se encontra ao alcance de nossas mãos (literatura de auto ajuda). Cada uma dessas frases é fragmentada, em si são pouco evidentes, incompletas, para se fazer compreensíveis é preciso articula-las a uma visão de mundo, o vínculo com o todo as torna coerentes. Não é necessário que os intelectuais pertençam ao grupo culto das classes médias ou superiores como supõe o conceito de intelligentsia. Um exemplo: os cultos afro-brasileiros. Seus intelectuais são oriundos das classes populares, mas escrevem livros nos quais se ensina sobre o poder das ervas, as virtudes do transe, os preceitos mágicos para afastar o mau olhado. O "como e por que" é outro, porém, o intuito permanece o mesmo, dar sentido à vida.

Os mediadores simbólicos possuem outra qualidade: são intermediários entre diferentes campos. A rigor não são como os intelectuais elaboradores de uma ideologia, ou seja, de uma totalidade explicativa. Seu papel é distinto, mediar o que já existe para um espectro mais amplo de pessoas. Por exemplo, as revistas de design ao veicular um tipo de gosto artístico (belo, elegante, fino), ou os programas de televisão sobre gastronomia. As regras da arte e da gastronomia são definidas fora do espaço da atuação dessas instâncias (revista ou televisão). Elas pressupõem a ideia de um campo relativamente autônomo (uso o conceito de Bourdieu) no qual a definição, "o que é arte", "o que é ser artista", "o que é gastronomia", "o que é ser um chef", é elaborada por aqueles que fazem parte deste lugar idiossincrático. As regras criam e sustentam um mundo à parte. Um pouco como o universo do luxo, somente os que dele participam (Louis Vuitton, Hermès, vinhedos nobres, hotéis palácios)

ECOSSISTEMA, INTERAÇÃO, INTERNET

O TERMO ECOSSISTEMA É fartamente utilizado pelos habitantes da internet, tornou-se uma expressão popular da fala dos bits; sua origem é relativamente recente (1935) tendo sido rapidamente adotado pelos biólogos e ecólogos. Em princípio ele denomina um conjunto de organismos que vivem em determinado local e interagem entre si e com o meio ambiente numa espécie de equilíbrio estável; constituem comunidades parcialmente autossuficientes. Cada ecossistema é formado de populações de organismos vivos e espécies diferentes (uma floresta ou um jardim) definindo um universo próprio. Trata-se de uma unidade funcional com fronteiras delimitadas e uma certa homogeneidade interna, encrustam-se assim em uma determinada área geográfica. É inútil buscar uma equivalência entre os ecossistemas biológicos e a internet, ela não é um organismo vivo inserido no meio ambiente. Importa entender o que o conceito contém de interessante e significativo para caracterizar a esfera digital. Um primeiro ponto chama a atenção, a interação. Tinha dito que o mundo dos bits não podia prescindir da ideia de conexão; de fato, um dos primeiros desafios que a informática enfrentou foi o da transmissão das informações, era necessário decompor o formato das mensagens para aproximar o que se encontrava distante. Nesta fase de desenvolvimento tecnológico o foco principal residia no transporte dos bits de um lugar para outro, esse era o obstáculo a ser transposto. Com a Web 2.0 as coisas mudam, a conexão já se encontra tecnologicamente assegurada (por exemplo, o uso do correio eletrônico) e a categoria interação surge como elemento central. É preciso que os usuários, como os organismos de um ecossistema, interajam entre si, a mera transmissão da informação é insuficiente, embora necessária. O ambiente digital assegura um tipo de comunicação distinto de outros meios como o jornal, o rádio ou a televisão, nos quais o fluxo das mensagens é basicamente unidirecional. Ele se diferencia também da rede telefônica, na qual a interação é restrita a poucos participantes. A interação é decisiva porque coloca "frente a frente" os indivíduos, eles não são simples comunicadores de mensagens, estão "ali", lado a lado, na presença uns dos outros, fazem parte de uma cultura de conectividade. Outra dimensão sublinhada pelos ecólogos é a existência de um sistema autossuficiente dos organismos e das espécies, ele asseguraria a reprodução da interação em um meio equilibrado e estável. Dito de outra maneira, um ecossistema constitui um espaço específico no qual a interação se efetiva. A internet é um conjunto de dimensões dilatadas, seu alcance é global. Entretanto, no seu interior surgem subsistemas, isto é, populações específicas com fronteiras bem delimitadas; em cada uma delas manifesta-se uma vida em equilíbrio que se destaca do todo. Na imensidão do espaço digital formam-se assim territórios idiossincráticos, ou como se costuma dizer "comunidades" (voltarei ao tema posteriormente).

A internet é o reino da diversidade, mas é justamente essa característica que propicia a emergência de espaços homogêneos que funcionam segundo interesses e objetivos particulares. Por exemplo, o ecossistema de negócios; espaço de interação de uma empresa com outras empresas + clientes + concorrentes + instituições escolares + governo, ou seja, o conjunto de segmentos interativos que formam uma unidade capaz de beneficiar os empreendimentos. Os influenciadores situam-se neste contexto, retiram vantagens ao operar no interior de uma área geográfica determinada. Insisto nesta dimensão espacial que procuro ressaltar. Basta percorrer os passos para se construir as plataformas digitais ou os sites, existem manuais para isso, para percebermos a presença das metáforas que se referem à arquitetura. Uma plataforma digital para funcionar a contento necessita ser antes planejada. Para isso, como na edificação de uma casa, faz-se uma "planta" (utiliza-se o Wireframe) na qual se visualiza o desenho do projeto e a posição dos "aposentos" que a compõem; com uma ferramenta 3D elabora-se em seguida o layout, o que propicia uma visão mais detalhada da proposta. A fase final de levantar as "fundações" (utiliza-se tecnologias adequadas: HTLM) e colocar os "tijolos" cabe aos técnicos do desenvolvimento Web; as ferramentas disponíveis permitem também personalizar a construção com os "acabamentos" escolhidos (CSS: Cascade Style Sheets; JavaScript). As metáforas são reveladoras, evidenciam a presença de uma localidade, o ecossistema no qual cada um se move; ela deve ainda, como os edifícios e as casas, ser registrada com um nome próprio no sistema de domínios, sendo lhe atribuída um endereço IP. Os influenciadores vivem em suas casas, são prisioneiros da digitalidade que lhes permite existir.

Outro aspecto se revela quando os contrastamos aos intelectuais. Tinha sublinhado o fato de eles elaborarem um discurso cuja intenção era abarcar o mundo enquanto totalidade. É o caso da religião, os teólogos nos ensinam sobre a existência de Deus, a origem da vida, os pecados capitais, a família, a morte, o futuro, a salvação da alma. É dentro deste discurso coerentemente ordenado que cada um desses temas adquire sentido. Explicito melhor meu raciocínio com um exemplo, a noção de religião axial cara a alguns autores. Não é necessário tecer grandes considerações a seu propósito, basta entender que ela se aplica a um conjunto de crenças marcadas pelo universalismo (judaísmo, confucionismo, bramanismo, budismo, cristianismo, islamismo). Contrariamente às religiões consideradas como locais, isto é, específicas a um lugar geográfico, elas seriam capazes de expandir seus limites, por isso se dizem universais (isso é discutível). Por exemplo, os judeus, embora espalhados pelo mundo, partilham uma memória coletiva religiosa. O interessante a seu respeito é o significado de axial: essas crenças possuem um eixo e sua órbita de alcance deve ser a mais ampla possível, em torno dele giram as coisas do universo. Cada uma delas, estejam próximas ou distantes, podem ser por ele significado: a terra, o céu, os seres humanos, os animais, os comportamentos, o destino, os desejos, a política. Os eventos do mundo são relevantes quando inseridos no espaço demarcado pelo seu eixo. A noção de influência é distinta, requer outro tipo de articulação. Para se influenciar algo é necessário a copreença de dois planos, do influenciador e do influenciado, cada um deles encontra-se destacado um do outro, são termos independentes. No caso das religiões axiais existe apenas um plano, os seres humanos e as coisas pertencem a mesma unidade de sentido. Isso ocorre com as interdições alimentares no judaísmo e no islamismo, ao se considerar como lícito apenas os alimentos *kosher* ou *halal*. Neste caso seria indevido falar em influência ou simplesmente dizer que a religião "impacta" nas interdições alimentares; o verbo utilizado é inadequado. A interdição resulta de uma ordem explicativa que "significa o mundo", sem ela nada existiria. A frase que eu havia antes considerado – "alguém influencia a conduta de alguém" – deve ser refeita: "a conduta é determinada por algo que a transcende". A determinação é interna ao plano da crença, para cada uma dessas interdições existe uma explicação, uma concepção de mundo que as interpela e as valida. O que é permitido opõe-se àquilo que o contrasta, o não permitido, como se as coisas alheias ao reino do sagrado constituíssem uma ameaça de profanação, uma poluição simbólica, diriam os antropólogos.

Pode-se ainda dizer que o lugar no qual os influenciadores se inserem é definido por segmentos da vida social, eles são especialistas de um mundo fragmentado: humor, religião, música, moda, esporte, política, etc. Esta é a qualidade que os torna valiosos para o mercado. As empresas, para promoverem suas marcas, ou os partidos políticos, para angariar apoio, os procuram pela capacidade que têm, ou teriam, de mobilizar um conjunto de pessoas em domínios específicos. Trata-se de uma forma de potencializar o marketing empresarial ou outra atividade qualquer. Também as instâncias de premiação dos melhores influenciadores (tipo *Influency.me*) traduzem bem este processo de especialização, os laureados são divididos e agrupados em função das habilidades que possuem: arquitetura e decoração, ativismo, cabelo, estilo de vida, fitness, games, família, gastronomia, maquiagem, viagem e turismo, opinião e comportamento, tecnologia, pets. Há uma detalhada divisão do trabalho, é a parte que conta, não o todo.

COMUNICAÇÃO E IMPACTO

A NOÇÃO DE INFLUÊNCIA sempre foi marcada por um certo reducionismo, isso ficava claro quando se discutia sobre os meios de comunicação de massa (eu me refiro a toda uma literatura produzida nos Estados Unidos nas décadas de 1950 e 1960). Que influência teria o rádio ou a televisão no público ouvinte ou no telespectador? A pergunta fazia parte de um conjunto de estudos que "reduziam" os meios ao impacto em suas audiências. Isolava-se uma dimensão do fenômeno social para apreendê-lo em sua restrição. As teorias vigentes (lembro um autor esquecido, Lasswell) perguntavam: "Quem diz o quê; em que meio; para quem; com que efeito"? Dentro desta perspectiva "quem" podia assumir diferentes aspectos, uma empresa, um orador, uma agência de publicidade, um acadêmico; os conteúdos seriam também diversos sendo veiculados por meios distintos (jornal, rádio, televisão, teatro); quanto ao público, variaria em função das mensagens. Haveria assim uma estrutura do ato comunicativo que poderia ser apreendida independentemente das alterações empíricas e dos contextos. Entretanto, todas as fases deste processo tinham algo em comum: o efeito. Sem ele restaria a incompletude. Os meios de comunicação deveriam ser eficientes, caso contrário a ação empreendida redundaria em fracasso. Diante desse objetivo discutia-se sobre a natureza do conteúdo adequado a ser veiculado, o meio e o público ao qual melhor ele se ajustaria (a publicidade transmitida na televisão deveria ser diferente das revistas pois os meios utilizados, imagem ou impressão, eram distintos). "Quem" deveria levar em consideração essas exigências para que sua meta fosse efetiva. O pressuposto deste tipo de raciocínio é que existe um emissor, o meio de comunicação e o receptor, cada um desses elementos constituiria o elo de uma mesma cadeia. Bastaria o receptor decifrar a mensagem transmitida e o movimento almejado se completaria. No fundo ele agiria em função de um estímulo externo e sua resposta determinaria a concretude ou não da comunicação. Os termos influência e impacto tornam-se então frequentes, aludem à relação de convencimento do público em função das mensagens veiculadas. Fala-se do impacto dos jornais junto aos leitores, da influência da publicidade entre os consumidores ou da propaganda política entre os eleitores. Surge, inclusive, toda uma literatura a respeito da má fé desses persuasores, de sua falta de ética (jornalistas, políticos, empresários). É quando se generaliza o uso da categoria manipulação, são inúmeros os escritos que a utilizam, eles alimentam toda uma controvérsia que denuncia as intenções ocultas de determinados grupos para aprisionar a atenção das pessoas. Afinal, a manipulação é o avesso de um mesmo processo, uma distorção de seu intuito original. Lembro um best seller da época, crítico dos publicitários: *Hidden Persuaders* de Vance Packard (traduzido para o português com o título "Nova Técnica de Convencer"). Para ele a indústria publicitária, com objetivo de vender seus produtos, teria o intuito de manipular os desejos subconscientes dos consumidores. A verdade da informação, daquilo que era veiculado, tornava-se assim secundária, importava o efeito a ser obtido.

As críticas a tal perspectiva foram várias. A ideia de uma estrutura universal da comunicação (emissor + meio + receptor) era certamente pouco convincente. Uma coisa é falar da transmissão de bits na rede de computadores, quando o conteúdo da mensagem é indiferente à mídia na qual ele se materializa; outra quando ele é decisivo. Na perspectiva de uma teoria matemática da comunicação a linguagem informática é capaz de "traduzir" em sinais abstratos qualquer tipo de informação a despeito de seu conteúdo. A forma é a mensagem. O quadro é distinto quando se fala de política ou de entretenimento; uma vez tecnicamente assegurada a comunicação é o conteúdo que importa. Neste sentido, a ambição de reduzir todo ato comunicativo a uma estrutura a ser apreendida por uma ciência da informação torna-se, no mínimo, insatisfatória (deixava-se de lado, inclusive, uma disciplina, a Linguística, que se debruça sobre um fato fundamental da existência humana: a linguagem). Por outro lado, há o contexto, ele interfere diretamente no "quem", no meio de comunicação escolhido, e no "para quem", a posição do receptor no espaço social. Na verdade, até mesmo a relação entre o meio e a mensagem não é unívoca, mera correia de transmissão do conteúdo, de uma certa forma ele a condiciona (neste ponto McLuhan tinha em parte razão: o meio é também a mensagem). Mas grande parte dos argumentos críticos recaía no receptor. Ele seria um simples decodificador de conteúdos e não um indivíduo situado no interior de um processo comunicativo. Sua identidade se reduziria a uma dimensão unidimensional, a resposta a um estímulo estranho a sua própria condição (daí a relevância da ideia de impacto). Essa visão estática e passiva do consumidor, isto é, daquele que se encontra na ponta do circuito comunicativo, é superficial e equívoca. Até mesmo quando a consideramos em relação a um meio tradicional de cultura, o livro. Os críticos literários nos mostram que a relação entre o texto e a leitura não é unívoca, o leitor introduz um ruído no processo de atualização do texto que não coincide inteiramente com sua intenção primeira. Surgem dessa forma graus de indeterminação que se materializam em práticas distintas de leitura (a história dos livros não coincide inteiramente com a história da leitura).

As sociedades mantêm uma razoável ambiguidade em relação à memória coletiva, alguns traços são reiteradamente rememorados (os heróis nacionais, as festas populares, os eventos religiosos), outros permanecem inertes nas brumas do esquecimento. As críticas às noções de influência e impacto fazem parte das lembranças dissimuladas nas camadas geológicas do passado recente. É como se a aceleração do tempo encobrisse sua existência. Mas talvez, o conciso exercício analítico que fiz nos permita esclarecer um ponto específico, a relação entre a ressignificação desses termos e a emergência de novos meios de comunicação. Antes eles exprimiam as evidências de uma época datada, nos dias atuais ressurgem como neologismo de outros tempos (há até mesmo o retorno da ideia de manipulação nas *fake news* ou na categoria de pós-verdade). Pode-se observar isso de várias maneiras, por exemplo, a transformação e o uso indiscriminado do verbo impactar. Diz-se: "o impacto das notícias no mercado financeiro"; "o impacto da separação entre os casais"; "a globalização impactou todos os países"; "as celebridades impactam o mundo";

há sites que nos ensinam a "impactar a vida positivamente". Os domínios recobertos pelo significado do verbo são elásticos, variam da economia à angústia pessoal, dos fenômenos sociais ao encontro da felicidade. Entretanto, essas afirmações são permeadas por uma constante: a causalidade; o impacto é o resultado de uma causa que produz um efeito (este era seu significado primeiro: colidir). Como em *influentia* na sua raiz latina medieval, busca-se as causalidades que nos afligem. Influenciador é um substantivo, denomina um personagem definido pela instrumentalidade de sua ação. Ele atua em um espaço segmentado em função de um público também segmentado. Tudo se resume a como captar a atenção desses nichos nos quais se inserem determinados interesses (apenas alguns deles) de algumas pessoas (apenas algumas delas). A ação empreendida visa um resultado específico, ele é a prova material de que intenção principal se realizou ou imagina-se ter realizado. Sem o resultado o propósito é inócuo. Os influenciadores são marcados pela utilidade do que professam, vivem uma relação de causa e efeito da qual não podem se furtar. Por isso os instrumentos que utilizam devem ser eficientes.

Os sites digitais são compostos de vários itens: logo, menu de navegação principal, pesquisa, botões de mídia social, imagens do cabeçalho, conteúdo dos textos, rodapé. Porém, cada um deles necessita conter um apelo ao usuário. Captar a atenção é fundamental. Os designers digitais traduzem visualmente essa exigência indispensável. Os recursos tipográficos utilizados (cabeçalho, parágrafos, listas, colunas, gráficos) são hierarquizados e oferecem conforto e prazer à vista. É preciso descobrir o que o visitante do site privilegia, em que lugar sua curiosidade se detém. Sabe-se que seu olhar desliza do canto superior à esquerda da página para a direita, depois desce para percorrê-la. Os itens gráficos que compõem o layout são assim definidos segundo padrões determinados e os recursos visuais funcionam como elementos de destaque do texto. Uma forma de realçar temas ou funções de interesse é utilizar cores, elas salientam uma localização separando-a de outras. Alguns designers acreditam que a elas associam-se certas virtudes: azul = lealdade, calma; verde = saúde, esperança; vermelho

= paixão, força; laranja = energia, bom humor. A variação e combinação das cores, em suas modalidades, ajudaria a fixar a atenção. Os usuários constituem assim audiências específicas (recupero um velho termo dos estudos comunicacionais), é fundamental que permaneçam atentos. Isso é um requisito categórico do processo comunicativo, ele potencializa a amplitude do que se quer obter. Uma página Web não pode permanecer isolada, conformar-se a sua situação estática, é necessário multiplicar a interação com outras páginas. Os influenciadores dependem inteiramente dos links com as redes sociais (Instagram; Facebook, WhatsApp, TikTok, Youtube, Linkedin, Pinterest), são multiplataformas, isto é, atuam de maneira a amplificar as mensagens entre os seguidores e aqueles que almejam conquistar. Seria insensato circunscrever as categorias intelectual ou mediador simbólico a tal dimensão. A verdade das ideologias e das religiões repousa em sua consistência em explicar o mundo (mesmo quando se equivocam). Por exemplo: o conflito de classes anuncia a superação de um estado de dominação; a transmutação do pão e do vinho em corpo e sangue de Cristo revela a presença do divino entre nós. Cada uma dessas afirmações, ao integrar uma totalidade explicativa (marxismo ou cristianismo), faz sentido em si mesma a revelia do "número de seguidores" que nelas acreditam. O texto político ou religioso possui uma vida própria (os estruturalistas sublinham esse aspecto). Pode-se dizer o mesmo dos mediadores, importa inteirar-se em que medida a intermediação encontra um público mais amplo e o esforço em traduzir determinada matéria em linguagem não especializada. É sempre possível discutir sobre o alcance dos intelectuais ou dos mediadores, seriam eles exitosos ou não em suas pretensões (na política o debate sobre a capacidade dos intelectuais "falarem para o povo" é um tema recorrente); porém, suas identidades não se confinam aos atributos da influência ou da audiência. No caso dos influenciadores isso é decisivo, não há influenciador sem seguidores, e quanto mais seguidores maior sua relevância. Daí a necessidade da mensuração, ela é a evidência empírica da amplitude que se quer afirmar.

A modernidade inaugura entre nós uma obsessão pela quantificação das coisas, é preciso conta-las para ordenar o mundo; a isso denomina-se racionalização. A métrica de atividades distintas, industrial, comercial ou científica, torna-se crucial para a avaliação da eficiência dos empreendimentos, eles devem ser apreendidos de forma inequívoca (nas experiências de Taylor para se organizar um sistema racional do trabalho, a mensuração do tempo que um operário levava para realizar determinada tarefa era fundamental para sua abordagem "científica"). As evidências empíricas em relação às audiências não são tão distintas das provas que se exibem em outros domínios, por exemplo, na esfera da ciência, quando nos referimos às citações. Uma citação, na perspectiva bibliométrica, nada mais é do que uma unidade que permite a elaboração de um conjunto de indicadores. Ela não constitui um elemento específico com conteúdo e identidade próprios, é um simples índice contábil cujo atributo principal é a frequência. Dito de outra maneira, sua coerência decorre de um tratamento matemático que abastece um sistema descrito através de números. Quando digo "Marx é minha referência intelectual" isso significa que entre os diversos enfoques teóricos existentes, privilegio um dentre eles. O pensamento segue uma tradição que valoro e da qual não posso escapar: "sou marxista". Minha filiação teórica poderia ser outra, neste caso a referência seria distinta. Mas é diferente dizer: "Marx foi citado 11.333 vezes". A expressão numérica não está diretamente relacionada a um conteúdo determinado, sua obra, dilemas, impasses ou virtudes, ela apenas manifesta a frequência de algo mensurável. As citações são unidades vazias de conteúdos, para serem contabilizadas precisam se afastar daquilo que as fundamenta. Como a diferença entre forma e sentido da informação, que eu havia mencionado antes, elas funcionam como variáveis abstratas que nos remetem a um campo de saber específico. A ilusão é imaginar que a excelência científica equivale à realização do parâmetro contábil; crença que se reforça quando se diz que uma revista acadêmica possui um "fator de impacto" capaz de influenciar o corpo de toda uma disciplina.

No caso da internet existem diferentes metodologias de avaliação dos resultados, a mais simples contabiliza o número de visitantes de uma página Web, os seguidores. Os dados, uma vez coletados e analisados, geralmente pelas empresas (as estatísticas feitas sobre a internet inspiram pouca confiança), permitem classifica-los em uma escala hierárquica decrescente: mega influenciador (mais de 1 milhão de seguidores), macro influenciador (entre 500 mil e 1 milhão), influenciador (entre 100 mil e 500 mil), micro influenciador (entre 10 mil e 100 mil). Cada faixa de atuação (os critérios variam segundo os avaliadores) descreve o potencial das metas a serem obtidas. Constatação importante, possibilita reconhecer a visibilidade do que se quer apreender; são os números que atestam sua pertinência ou não. Há diferentes formas de se dimensionar o tráfico das informações. Algumas ferramentas (Traffic Estimate, SimilarWeb.com) fornecem apenas estimativas dos acessos realizados: visitas nos últimos 30 dias; ranking e origem do site (região, redes sociais, sites similares), tempo médio de visitação. Outras (tipo Google Analytics) são mais completas, informam sobre o número de visitas diárias, dados demográficos dos visitantes, as páginas mais visitadas, os dispositivos de navegação utilizados, a localização dos usuários (quando cadastrados). O tratamento numérico para ser completo deve levar em consideração alguns pontos: o alcance, identificado ao número de seguidores; o engajamento, tempo que cada pessoa passa na página Web; o compartilhamento da página, das informações e dos links com outras pessoas. Procura-se determinar da maneira mais acurada possível em que medida o usuário encontra-se envolvido pelo ecossistema acessado. Seu "engajamento" (utiliza-se um termo da política para revelar o comprometimento) pode ser então decomposto em unidades mensuráveis: curtidas (o coração marcado na postagem), comentários (o que se escreve em relação aos posts), compartilhamento (número de pessoas que enviam o post para outras pessoas), post salvo (ao se clicar no item que salva o conteúdo). A cada uma dessas etapas atribui-se um número de pontos de uma escala (salvar o conteúdo de um post vale mais do que simplesmente curtir) e uma singela fórmula matemática nos dá a taxa de engajamento de uma página:

CURTIDAS + COMENTÁRIOS +
COMPARTILHAMENTOS + POST SALVOS = %100

Tem-se então a possibilidade de se diferenciar entre os seguidores, os fieis e os ocasionais, os mais ou menos influenciáveis. A produção incessante de dados é uma exigência do ambiente digital, sem ela a diversidade do meio torna-se ilegível, incompreensível. O volume do fluxo de informações soterra as diferenças. Os algoritmos tem justamente a função de dar concretude a tudo isso, são os passos que permitem concluir uma tarefa especifica, explicitar as variáveis para se atingir um objetivo. Dizem os matemáticos que um algoritmo é uma sequência finita de ações executáveis cujo objetivo é resolver um problema. Duas de suas qualidades, ações finitas (a solução não pode ser postergada) e executáveis (devem ser factíveis), acentuam sua dimensão prática, ele serve para alguma coisa. Um algoritmo é formado por um conjunto de elementos: os dados externos relativos à ordem do problema (por exemplo, os ingredientes de uma receita culinária: carne, farinha, ovos); os itens de suporte, onde são executadas as tarefas (fogão, travessa, frigideira); os dados de saída produzidos pela execução do algoritmo; o próprio algoritmo, imprescindível para guiar todo esse processo. A metáfora culinária é sugestiva: um algoritmo é uma receita, o passo a passo para se resolver determinado problema (uma vez criado é transcrito em linguagem de computação).

No ecossistema digital ele processa em alta velocidade grandes volumes de informação, permite classificar os conteúdos dos sites ou fazer buscas. Identifica ainda padrões de comportamento que se repetem com frequência possibilitando "prever" as expectativas de determinados grupos. "Surfar" na internet não é uma simples ação de ordem técnica, abrir uma página Web, clicar sobre um conteúdo, enviar um link a alguém, são atividades que deixam rastros, vestígios daquilo que somos, isto é, as informações que disponibilizamos no espaço público. Esses rastros, transformados em dados, têm utilidade, podem ser manipulados por aqueles que deles se apropriam. Os algoritmos são mecanismos decisivos para induzir a influência, produzir públicos calculáveis.

MENSURAÇÃO E MERCADO

Não é difícil perceber que existe uma homologia entre o espaço dos influenciadores e o espaço do mercado. Por homologia quero dizer, eles são marcados por qualidades afins, embora distintos há entre eles correspondências. Um primeiro aspecto refere-se à segmentação. A sociedade industrial de massa correspondia a um segundo momento da modernidade, de uma certa forma, as noções de taylorismo e fordismo exprimiam bem algumas de suas características (uso o verbo no passado). A divisão acelerada do trabalho permitia uma eficiência maior da fabricação e padronização dos produtos – no final do século XIX os automóveis eram feitos "à mão", isto é, um a um, possuíam a aura do original; depois passaram a ser fabricados em série. Por extensão, valorizava-se a homogeneidade do mercado, aquilo que seria comum. O surgimento de uma sociedade de bens de consumo, particularmente nos Estados Unidos, multiplicava a produção de mercadorias em escala exponencial (máquinas fotográficas, lava-louças, fogões, toca-discos, detergentes, etc.). Neste contexto também a cultura era pensada como sendo de massa, sobretudo o rádio, o cinema e a televisão. Em princípio "todos" teriam acesso a esses meios. A sociedade de massa constituiria assim uma amplitude espacial na qual um amplo espectro de pessoas estaria incluído; nela a distribuição das mercadorias, dos serviços e das manifestações culturais estaria assegurada pelos meios técnicos agora disponíveis.

Neste sentido, o uso do pronome indefinido "todos" é expressivo, denotava a amplitude do mercado de objetos para além das particularidades dos grupos e dos indivíduos. Os tempos flexíveis dos neologismos alteram esse quadro. O atual é semanticamente valorizado enquanto *l'embaras du choix*. Existe uma multiplicidade de objetos a serem escolhidos por uma multiplicidade de pessoas; objetos e pessoas se conjugam no plural, não mais no singular. A noção de massa é assim substituída pelas variações de gênero, idade, regiões, classes sociais, cor, etc. O próprio processo de globalização declina-se através da ideia de diferença; sua amplitude é global, mas ele nada tem de homogêneo, a segmentação é a sua marca.

As bolsas Louis Vuitton e os perfumes Chanel encontram-se à vista em diversos lugares do planeta, são produtos globais, entretanto, habitam um espaço hiper-restrito no qual apenas alguns desfrutam o privilégio de acesso. O mundo contemporâneo não é sinônimo do "fim das fronteiras", mas a confirmação de que novas fronteiras são criadas e as antigas redefinidas. O diverso é a expressão dessas fronteiras. Esta ênfase na diferença (valorizada pelos movimentos identitários) é traduzida na literatura dos homens de negócios como diversidade, valor a ser preservado e explorado. Fala-se em "cultivar a diversidade", "administrar a diversidade", "a diversidade é um desafio", "as chaves para fazer negócios em um mundo multicultural", ou seja, procura-se dar atenção aos nichos de consumidores que validam a ideia de segmentação. Internet e mercado são espaços diferenciados no interior do qual determinada intenção se realiza.

Outro aspecto os aproxima, a necessidade de se obter resultados. As estratégias de marketing não podem negligenciar tal aspecto. Publicitários e executivos das empresas enfrentam o mesmo dilema: encontrar e cativar o público consumidor. Há um alvo e o propósito de atingi-lo. A questão da influência, isto é, da ação visando determinado fim, é uma característica intrínseca deste tipo de fazer. Alfred Chandler, no título de um de seus livros, cunhou uma metáfora sugestiva para apreender este traço do mundo dos negócios: *the visible hand*. Seu intuito era dialogar com a alegoria de Adam Smith, a "mão invisível" do mercado. Em sua concepção liberal (na qual a ideia de indivíduo é uma categoria fundamental) o fundador da economia moderna argumentava que o mercado era composto por forças as mais diversas (produtores, distribuidores, vendedores, consumidores), cada uma delas encerrava interesses variados. Daí a pergunta: como a sociedade conseguia ordenar tais atividades independentes entre si e sem uma relação direta entre elas?

Os consumidores de uma mercadoria ignoravam a realidade dos produtores, que por sua vez atuavam em pleno desconhecimento dos distribuidores ou dos vendedores. A magia se realizaria através de uma força imanente, inconsciente dos atores econômicos, apta, porém, para integra-los a um mesmo conjunto: a mão invisível. Ela funcionaria como mecanismo abstrato de um sistema capaz de se autorregular; o capitalismo encontraria em sua própria manifestação os elementos necessários (inconscientes e estruturais) para se organizar, se preservar e se expandir. Chandler vê as coisas de outra maneira, é preciso a "mão visível" que ordena os empreendimentos. Surgem assim as teorias de administração das empresas, isto é, um saber sistematizado com o objetivo de gerir os dilemas da concorrência, da produção e distribuição das mercadorias. A razão organizacional guia a intenção (em tempos fordistas ou flexíveis).

Um último aspecto pode ser sublinhado: a recorrência em relação à mensuração. Os estudos mercadológicos sempre promoveram as pesquisas quantitativas e qualitativas (por exemplo, os grupos focais para se entender o gosto e as preferências individuais). As agências de pesquisa têm necessidade em dimensionar o tamanho do público alvo, seja enquanto audiência (no caso da televisão) ou de potencial de consumo. Uma empresa precisa controlar a opinião e se possível o sentimento do consumidor em relação à sua estratégia de marketing. Esta é a forma de se racionalizar, isto é, de traduzir em padrões objetivos e confiáveis, um conjunto de operações práticas. Trata-se de um imperativo categórico. Os influenciadores, se definem em função de nichos de audiência, realizam um tipo de atividade cujo objetivo está contido na própria ideia de influência. Neste sentido, a aproximação com o mercado nada tem de surpreendente, eles se completam, a homologia os conduz a um mesmo horizonte de expectativas e realizações.

A internet surge então como um espaço de interação e de promoção de produtos. O conceito empresarial de *leads* (do inglês, *to lead*) ilustra bem este aspecto. Trata-se de captar consumidores potenciais que demonstraram algum interesse em determinados produtos ou serviços. O primeiro passo é cadastra-los através de um formulário (e-mail, celular, etc.); depois, oferece-se algumas vantagens para ganhar sua confiança (sorteios, promoções, participação em eventos). Diz-se em linguagem de marketing, utilizando-se um eufemismo religioso: ao converter os usuários em leads eles tornam-se fiéis. Para isso é preciso diferenciar entre os visitantes do site e os convertidos, tarefa que os algoritmos executam com precisão. A atuação dos influenciadores é cobiçada pela lógica empresarial devido a sua natureza, eles atuam como uma força magnética para captar e prender a atenção dos eventuais clientes. O vínculo com o mercado se expressa também na ideia de monetização. O termo tinha antes um significado mais restrito, converter algo em dinheiro, e se aplicava a cunhagem de moedas e impressão de papel-moeda. O neologismo lhe concede outra amplitude. Temos agora um procedimento técnico capaz de atribuir valor comercial ao conteúdo veiculado.

O número de visualizações e *likes* de uma página Web ou de um vídeo transformam-se em indício de rentabilidade. Há regras explícitas que regem a relação entre os parceiros comerciais (para se monetizar um site é preciso um mínimo de 1.000 seguidores e 4 mil horas assistidas nos últimos 12 meses). Mas existem outras formas de remuneração possíveis (daí se considerar o influenciador uma nova profissão): post patrocinados, exibição de infoprodutos, parceria com determinadas marcas ou empresas (publicidade de livros, cursos on line, webinars veiculados via Facebook ou Instagram). Cada um desses recursos possui um valor, existe inclusive uma codificação de mercado que precifica as atividades disponíveis (por exemplo, no Instagram a utilização de "reels" ou de "stories"). Como os out-doors, as páginas Web transformam-se em espaço publicitário. Há uma expressão para nomear esse tipo de atividade: publis. Método de divulgação das marcas através de pessoas com influência, consideradas relevantes em seus nichos de atuação. O vocabulário digital se amplia ainda quando se destaca as características desta relevância, como nas citações do mundo científico, os influenciadores tornam-se "referências", indivíduos que balizam a ação dos outros.

Na verdade, a segmentação das atividades é convergente com os interesses das empresas: a influenciadora especializada em fitness promove produtos para uma vida saudável e o bem estar; alguém especializado em turismo escolhe para seus seguidores os destinos de viagens mais interessantes. A correspondência favorece as afinidades e a conveniência.

OPINIÃO PÚBLICA E VISIBILIDADE

Existe um mercado de opiniões no qual a influência se exerce. Sublinho: utilizo o plural, tradicionalmente o debate sobre opinião pública se fazia no singular. Há uma história da esfera pública, de maneira sintética, um tanto aforística, pode-se dizer que ela se assenta em uma premissa: é composta por indivíduos privados que constituem um público. Neste sentido, ela é fruto da modernidade e das revoluções burguesas. Dois elementos pressupostos em sua compreensão devem estar razoavelmente amadurecidos: o conceito de indivíduo, isto é, aquele que idealmente escolhe suas crenças, seu destino e mesmo sua vestimenta (na Europa ocidental, nos séculos XVI-XVIII havia um código indumentário que atribuía a cada estamento social um tipo de roupa, inclusive as cores utilizadas diferenciavam a aristocracia da plebe); a existência de um espaço no qual as intenções privadas possam se manifestar. A emergência da opinião pública decorre de transformações profundas, condições que inexistiam nas sociedades anteriores, aristocráticas ou segmentadas (tipo: samurai, artesãos, comerciantes, camponeses, no Japão anterior à revolução Meiji). A rígida separação de classes impedia a consolidação de um espaço compartilhado; a concepção, como a entendemos atualmente, requer a presença de uma ordem, sobretudo política, na qual as opiniões individuais possam se exprimir enquanto comunalidade.

Entretanto, há vários desafios e contradições que devem ser enfrentados para que tal ideal se realize. Um termo condensa bem esses impasses: multidão. Conceito do século XIX, ele denominava um tipo particular de aglomeração, o acúmulo de pessoas em lugares públicos como praças, estações ferroviárias, manifestações políticas. A multidão impressionava por seu volume, era visível, mas vinha marcada pelo signo da irracionalidade. Seus integrantes não possuiriam qualquer tipo de vínculo social entre si, tradição, valores, ideologia, seriam partes heterogêneas que se juntavam em uma unidade transitória, uma vez passada a excitação das pessoas ela se desfaria. No interior deste agregado amorfo a individualidade de cada um se diluiria, nele as pessoas agiriam como massa (uma torcida de futebol nos dias de hoje) e a idiossincrasia das identidades estaria submersa ao todo que as sufocava. A multidão, sem vontade própria ou direção, se caracterizaria por uma atitude emocional e irracional na qual as particularidades seriam anuladas pela coerção do coletivo. Dito em linguagem da época, seus membros seriam passivamente guiados pelos "condutores de multidão" (vários autores procuraram aplicar esta concepção simples e reducionista na apreensão de alguns movimentos políticos como o fascismo e o nazismo).

A opinião pública, para se manifestar enquanto tal, teve de se libertar desta conotação restritiva. Isto se faz através de uma dupla afirmação: a presença das consciências individuais e a convergência das escolhas. É preciso que o indivíduo explicite suas preferências e se expresse livremente em um espaço partilhado por outros; porém, sem a convergência das escolhas o comum não poderia emergir. Isso não significa um nivelamento das vontades, pelo contrário, o público é o lugar do dissenso e da discussão. O confronto constitui sua natureza. O comum refere-se à convergência, ela transcende o particular sem, entretanto, coincidir com o todo. A esfera pública exprime a "vontade de todos", a "manifestação da maioria", "de um amplo espectro de pessoas". Esta é a dimensão que autoriza um conjunto de práticas sociais, sejam elas políticas (o voto) ou morais (ser a favor ou contra o aborto ou a pena de morte). Circunscreve-se assim uma dimensão que ultrapassa os grupos específicos, atravessa, em dada sociedade os interesses conflitantes nela existentes. Os influenciadores trabalham dentro de fronteiras restritas, visam o particular, os segmentos em que atuam os confinam a limites exíguos, suas "opiniões" se estendem ao universo de seus seguidores.

O tema da opinião coloca um problema, o da legitimidade daquilo que se enuncia. O que lhe confere autoridade? A ideia de opinião pública é distinta de povo, fundamento político do Estado moderno. Povo corresponde à totalidade de uma determinada comunidade política; a opinião é apenas parte dela.

Porém, a afirmação dos princípios democráticos lhe garante um papel substantivo, a manifestação da maioria é o solo de sua verdade. Mas que tipo de autoridade teriam os influenciadores?

Essa é uma questão mais ampla sobre a qual os antropólogos e os sociólogos se debruçaram, diz respeito à legitimidade dos universos simbólicos. Um exemplo: o mito de criação da humanidade entre os iorubás. Conta-se que nos tempos imemoriais, a história mítica se passa em um passado longínquo, nada existia, apenas o céu e a água. O céu pertencia à Olorun, a água à Olokun. Um dia o ser supremo, Olodumaré, decidiu criar a terra firme sobre as águas e confiou a tarefa a seu filho mais velho Obatalá. Entregou-lhe o "saco da criação" no qual se encontrava uma matéria cinzenta e uma galinha com cinco dedos. Disse-lhe: "desça e fabrique a terra sobre Olokun". Obatalá se pôs a trabalhar, mas sentia uma sede imensa, cansado, sorveu o líquido que brotava de uma palmeira de dendê. Embriagado dormiu. Quando seu pai se dá conta disso, envia o filho mais novo, Odudua, para completar a missão. Ele abriu o saco e jogou a matéria cinzenta sobre as águas, em sua superfície colocou a galinha que com os dedos espalhou o conteúdo para todos os lados criando a terra firme. Foi quando Odudua, ao amassar a argila, modelou os seres humanos e neles insuflou o sopro da vida.

À primeira vista a narrativa faz pouco sentido, diríamos, para nós pouco crível, no entanto, ela interpreta e justifica a ordem social. No início havia o vazio habitado por apenas algumas divindades abstratas sem um papel determinante na vida do cosmos (ele não tinha sido ainda criado em sua forma acabada). Depois, isto é, decorrente da ação divina, surge o mundo, o incompleto toma forma. A operação semântica é fundamental, inscreve um hiato entre um tempo pretérito indeterminado e outro presente determinado, moldado pela gesta dos deuses. A história mítica torna-se convincente, se legitima e se consolida enquanto crença coletiva.

Outro exemplo, distinto do anterior: os mediadores simbólicos. Disse antes que eles não eram os protagonistas principais do campo no qual atuavam, porém, seu reconhecimento se faz justamente pela autoridade desse campo. É o caso da gastronomia. Para ela se constituir como verdade vários passos foram necessários. A gastronomia é uma estetização da maneira de comer, neste sentido, foi preciso estabelecer uma clara distinção entre os simples alimentos e sua elaboração refinada. Cozinhar e comer são atos quotidianos e banais, porém, a banalidade faz problema, tudo se reduz ao imperativo da nutrição. Os pratos preparados podem ser os mais diversos, mas a marca do ordinário os impregna.

A estetização, que vai de sua elaboração ao ritual da refeição, é a forma de se romper com tal constrangimento, a maneira de estabelecer uma "ruptura epistemológica" entre atividades demasiadamente próximas. A gastronomia torna-se relevante quando se afirma como cozinha culta, ou seja, resultado de um processo elaborado e complexo que a subtrai do alcance de todos. Esta é a diferença entre uma receita, qualquer um pode seguir seu andamento, e um código culinário que normatiza um conjunto de detalhes imprescindíveis (produtos de base, técnicas de cozimento, preparação de molhos, determinação dos acompanhamentos corretos para o prato principal, etc.). Como os idiomas a gastronomia possui a gramática de uma língua. Trata-se, ainda, de um saber que se forja historicamente. Foi preciso a emancipação da cozinha burguesa da cozinha aristocrática, o que confere aos "cozinheiros", como ao artista que vivia na corte sob o beneplácito do príncipe, maior liberdade de interpretação de seu ofício. Eles criam ainda um novo espaço de trabalho, seu ateliê: o restaurante. Antes da revolução francesa, os *restaurants* eram entrepostos nos quais se serviam consomê e sopas, o intuito era, como indica a palavra, restaurar as energias das pessoas. Não era propriamente um lugar para se comer, as pessoas debilitadas o frequentavam para sorver um líquido restaurador.

Ao longo do século XIX os restaurantes surgem nas cidades com identidade própria (inventa-se o menu a ser livremente escolhido, e não apenas a ser apreciado pelos frequentadores) e o ato de se alimentar cede lugar à degustação. Os chefs, que não mais se consideram meros cozinheiros, adquirem importância (como Escoffier), seu trabalho se associa ao do artista, alguém capaz de exercer a criatividade em um domínio até então consumido pelo banal. A autoridade de um chef fundamenta-se em um saber historicamente enraizado, numa prática que independe de seguidores. O mediador simbólico ancora-se na legitimidade que a tradição lhe confere (uso o termo no sentido de algo estabelecido), ele a mobiliza com a intenção de estreitar o elo entre os conhecedores e os leigos. Um programa de televisão sobre cozinha pressupões a autoridade de algo que o antecede: a gastronomia.

O reconhecimento dos influenciadores é de outra natureza, depende de sua posição na rede; diante da diversidade das subjetividades e das opiniões é preciso distinguir certo tipo de atividade. Isso nos remete a uma instância específica de legitimidade que os aproxima das celebridades: a visibilidade (deixo de lado os intelectuais e os mediadores e acrescento outro contraponto para desenvolver minha argumentação). A categoria celebridade é recente e de certa forma corresponde às transformações de um capitalismo "pós-industrial" (abordarei este aspecto mais adiante). Seu passado enquanto neologismo tampouco é distante, encontra-se na modernidade industrial. Até o século XVIII a palavra significava "respeito devido aos cultos", "uma solene cerimônia de celebração"; associava-se ainda à ideia de renome, atributo de algumas profissões como juiz ou clérigo. Os dicionários (de inglês e francês) indicam que é somente em meados do XIX que a dimensão da individualidade se acentua, diz-se: "uma pessoa célebre" (a partir de 1873 os dicionários etimológicos em língua portuguesa registram o termo: celebrizar). As transformações em curso favorecem a mudança de sentido.

A celebridade condensa em si os traços de uma idiossincrasia própria, marca pela qual é reconhecida. O estamento, a classe social, o pertencimento a um grupo, tornam-se secundários (mas não apagados) diante de sua presença. O reconhecimento por sua vez pressupõe a existência de pessoas que possam identificá-la. A emergência de uma esfera pública permite isso, propicia a alguns indivíduos a condição de ser visível. A individualidade manifesta-se assim no interior de um solo comum, território de sua representatividade. Alguém, para se destacar, precisa ultrapassar os muros da privacidade, projetar-se no terreno compartilhado da opinião pública.

As celebridades são personalidades únicas visíveis em escala ampliada. Por isso os meios de comunicação são decisivos em sua constituição, eles lhe conferem o caráter de ubiquidade, estar em "todos os lugares". A condição de ser reconhecível é determinante, sem ela a noção de visibilidade se restringiria a um campo determinado de atuação. As celebridades não são simplesmente pessoas de renome, embora a noção de renome pressuponha também a de reconhecimento. Suas qualidades as vezes se sobrepõem, mas é importante realçar as diferenças. O renome é uma distinção social dentro de um grupo limitado de pessoas; a fama que dele advém está circunscrita a um campo com fronteiras bem delineadas. Em contrapartida, as celebridades têm como pré-condição a distância social, o fato de transcender o horizonte dos agrupamentos particulares. A ubiquidade assegurada pelos meios de comunicação as faz circular na amplitude de um vasto universo. A invenção da fotografia foi fundamental para isso, a técnica possibilitava que a imagem insinuasse a presença de algo que se encontrava ausente. O desenvolvimento dos meios de comunicação, cinema, rádio, jornais, revistas, televisão, acentua esse movimento.

Entretanto, apesar dessas transformações, a literatura sobre o tema sugere que o conceito de celebridade somente se cristaliza na década de 1970 (esse é o momento em que surge um conjunto de escritos sobre *celebrity culture*). Tem-se a impressão que o neologismo permanece latente antes de se condensar em categoria de entendimento da realidade. Um aspecto chama a atenção, nenhum dos autores que anteriormente se ocupam do tema emprega o conceito (digo o conceito, não simplesmente o termo); é como se eles, mesmo tocando a superfície das coisas, deixassem escapar uma dimensão do problema. Lembro que em seu belo livro "*Les Stars*" (1957) Edgar Morin não o utiliza. O que lhe interessa são os arquétipos, como nos mitos gregos as estrelas de cinema encerram um modelo exemplar de comportamento. Sua análise dos personagens femininos identifica assim alguns tipos característicos do Olimpo cinematográfico: a virgem inocente com os olhos crédulos e os lábios entreabertos do cinema mudo; a grande prostituta das mitologias mediterrâneas; a *vamp*, misteriosa e mulher fatal.

Do lado masculino temos os heróis cômicos, da justiça, da aventura, representações fílmicas de

Teseu, Hércules, Lancelot. À primeira vista somos iludidos pelo brilho cintilante das estrelas no Olimpo – Greta Garbo, Gary Cooper, Jean Gabin, Audrey Hepburn, Brigitte Bardot, Burt Lancaster. Entretanto, o que interessa ao autor são os arquétipos que esses nomes aludem. Considerar as estrelas como mito é situá-las na esfera do coletivo, o traço de sua individualidade dilui-se numa classificação que transcende suas personalidades. Na verdade, ao longo do século XX há vários qualificativos que se aplicam ao brilho dessas excepcionalidades: estrela, herói, divindade. Francesco Alberone utiliza diva para descrevê-las (*L'elite senza potere,* 1961). Ele pondera que no mundo moderno existem personagens públicos que são objeto de curiosidade, admiração, interesse e de crítica; à distância são cultuados por um "amor longínquo".

Outros autores, para apreender o fenômeno, privilegiam a ideia de herói. No âmbito de uma sociedade de massa, marcada pelos meios de comunicação, eles se interessam por certos aspectos da cultura popular, na qual se idealiza a imagem de alguns personagens celebrados numa espécie de culto secular. É dentro desta perspectiva que é analisado o surgimento de um típico herói popular nos Estados Unidos: Lindberg. Seu feito, a travessia do Atlântico num voo solo entre Nova Iorque e Paris, transforma-se em um evento épico. Entretanto, entre o herói e as celebridades há diferenças consideráveis. O herói é um tipo social que realiza uma façanha fora do comum, destaca-se dos outros indivíduos em função deste ato; coragem, força de caráter, são os valores que o impulsionam na direção da ação notável. Uma celebridade nada faz de excepcional, ela é simplesmente visível. Neste sentido, a sintética definição de Boorstin é arguta: "a celebridade é uma pessoa conhecida pelo fato de ser bastante conhecida".[1]

A tautologia contida na frase é eloquente, desloca nossas expectativas das qualidades intrínsecas à reputação de alguém para o sistema de construção e reprodução do reconhecimento fundado na circulação de sua imagem. Esse é o traço a ser sublinhado. O deslocamento semântico da categoria herói para celebridade é sugestivo. A solidez de determina-

1 Daniel Boorstin, *The Image: or what happened to the American dream*, New York, Atheneum, 1961. p.57.

do ato, a façanha, é substituída pelo efêmero, algo conhecido e reconhecido. A fama repousa em fatos específicos, o brilho pertence a outra constelação estelar. Como diz um crítico de arte norte-americano: "O primeiro teste da celebridade se passa quando existe um numero significativo de pessoas que sabem o seu nome e reconhecem o seu rosto embora você não os conheça. Isso é proto-celebridade. Um pouco de notoriedade numa profissão o levará a este estágio. Porém, a verdadeira celebridade se confirma, quando você realiza que existem outras imagens suas que nada têm a ver com o que você sabe sobre você mesmo. Ser citado na revista People é ser uma proto-celebridade; ser incorretamente citado é ser uma verdadeira celebridade".[2] Dito de outra maneira, o status de celebridade se confirma quando o conteúdo de sua identidade é secundário diante da sua representação pública.

A oscilação semântica em torno do fenômeno da visibilidade é expressiva, mas talvez não estejamos diante de uma simples indeterminação

---

2 James Monaco, "Celebration" in *Celebrity*, New York, Delta, 1978, p.14.

terminológica, ela diz algo mais, nos sugere a existência de momentos históricos distintos. Houve um tempo dos heróis e das divas que cedeu lugar a outro. Creio que a ideia de emblema capta bem essas mudanças. Um emblema é um índice material que nos remete a um conjunto de significados, ele traduz de maneira taquigráfica um mundo que o ultrapassa. Seu valor consiste em ser alusivo, nos reenvia a uma realidade que vai além dele mesmo. Durkheim, quando estudou os aborígenes australianos (acreditava que o totemismo era um sistema religioso), dizia que o tótem era o emblema da tribo. Uma evidência empírica, o tótem, nos remetia a uma floresta de símbolos: relações de parentesco, sistema de trocas, rituais religiosos, magia, etc. Bastaria decifrá-lo e entenderíamos o mundo por ele denotado (o sagrado, a relação entre o tótem e os nomes de animais, a concepção de espaço desses aborígenes). O pensamento utiliza muitas vezes determinados ícones para exprimir de maneira condensada certas dimensões do real. O emblema é uma alegoria que se faz evidência. Entretanto, sua materialidade não o protege da corrosão do tempo.

Para o emblema celebridade consolidar-se enquanto verdade foi necessário deslocar outro emblema que o antecedia e vinha ancorado em parâmetros distintos: a cultura de massa. Várias transformações impulsionam esta "mudança paradigmática", mas um artifício narrativo é fundamental, é preciso contar os eventos anteriores de maneira a estabelecer um corte entre um antes e um depois (um pouco como nos mitos).

O advento da sociedade de massa era visto sob o signo da prosperidade. A expansão dos bens de consumo, sua padronização, era percebida como um confiante indício de democratização (essa era a ideologia). Tudo se passa como se nesta época o espaço de participação cultural, política e de consumo, teria se dilatado, ultrapassando as restrições conhecidas nas sociedades anteriores nas quais a maioria das pessoas permanecia à margem. O substantivo "democracia" figurava assim como uma espécie de ícone dos novos tempos. Enfim, todos teriam acesso ao mundo da afluência e a distância entre cultura de elite e cultura popular tenderia a se apagar. A cultura de massa, particularmente veiculada pela televisão, seria o testemunho desta pujança inegável. Com as transformações recentes, capitalismo flexível e advento de uma sociedade pós-industrial, as certezas fenecem, perdem em validade. . O passado é apreendido em sua rigidez, suas características positivas transmutam-se em anátema; a centralização e a homogeneização que o caracterizava, contrapostas à flexibilização e à diferenciação atual, definem sua essência "enrijecida", "pesada", "pouco maleável"; os indivíduos longe de serem "livres", como se imaginava, apenas ajustariam seus comportamentos a um padrão estabelecido produzido "em série". Diz-se de forma depreciativa e sem nostalgia, vivia-se uma era fordista. A cultura de massa veiculada pelos "antiquados" meios de comunicação é superada por uma configuração descentralizada na qual os pontos de uma rede são autônomos e não estariam "autoritariamente" articulados a um centro. A internet torna-se uma espécie de metáfora do contemporâneo e o ícone televisão é rebaixado do Olimpo; sua hegemonia foi curta, sendo relegado a uma era anacrônica, retrato em sépia que nos faz admirar a flexibilidade célere (uma das etimologias da palavra celebridade) das ilusões atuais.

A visibilidade torna-se assim um valor, algo a ser apreciado, confere prestígio aqueles que a desfrutam. Entretanto, já não se trata mais de um entendimento que se associava apenas a um determinado indivíduo, ela se cristaliza enquanto instância social. Como outras instâncias, família, religião, tradição, acrescenta valor aquilo que consagra. A visibilidade agrega credibilidade, atua como uma espécie de aura que acompanha os personagens distinguindo-os dos que padecem de uma existência opaca. Apenas alguns a alcançam, a vida transcorre no anonimato e o visível é feito de sombras. Entretanto, ao se tornar crença coletiva, sua autoridade fundamenta uma assimetria entre as diferentes posições sociais. Neste sentido, utilizando-se outro conceito de Bourdieu, pode-se dizer que ela constitui um capital simbólico. Entre os mais visíveis e a opacidade inscreve-se uma escala de valor. As celebridades ocupam um lugar de destaque na hierarquia social porque são reconhecidas. Mas para isso é preciso que a subjetividade de cada uma delas transforme-se em hipérbole; o requisito preliminar do reconhecimento público é a amplificação do ego. As celebridades têm nome próprio, uma vida particular, gostos, preferências, tudo em sua volta é superlativo e deve ser exposto publicamente; é desta forma que se estabelece o vínculo com aqueles que as contemplam (fãs clubes das estrelas de cinema ou de música pop). Não é suficiente se apresentar na vida pública apenas com os atributos que as modelam - ser atriz, ator de teatro, modelo, jornalista, esportista - a dimensão subjetiva precisa se manifestar. A unicidade da existência é conspícua, deve ser permanentemente ostentada. Isso se faz através das entrevistas, das notícias de jornais e dos sites, das matérias e imagens publicadas pelos paparazzi, enfim, daquilo que as aproxima da invisibilidade dos outros (a casa onde habitam, os filhos, as fofocas sexuais, as preferências culinárias, as opiniões políticas, os vestidos que usam, os penteados que adoram, etc.). Os detalhes as tornam familiares, acessíveis, humanas. A internet é uma multidão individualizada, uso um oximoro, nela tudo se funde, torna-se assim necessário destacar o que se encontra indiferenciado.

A visibilidade é o artifício mobilizado para se distinguir no interior deste obscuro ecossistema, os influenciadores dela usufruem, daí provém sua legitimidade. Um influenciador sem seguidores é irrelevante, invisível. Não pode haver dúvidas a esse respeito. Basta percorrer a Web para encontrarmos as ofertas que as empresas colocam à disposição dos clientes: "encontre o influenciador ideal para sua marca"; "encontre e contate influenciadores de todas as partes do mundo". Há inclusive um ranking que estabelece uma hierarquia entre os mais e os menos visíveis, portanto, os mais ou menos potencialmente lucrativos ("os maiores influenciadores" do Brasil, França ou Estados Unidos).

O sistema de mensuração das atividades digitais funciona assim como uma espécie de comprovação de autoridade. O número de seguidores e o compartilhamento das páginas Web são as evidências de sua efetivação. A métrica digital implica a tesaurização do prestígio. Mas a noção de capital simbólico tem ainda outra implicação, ele pode ser acumulado e investido em diferentes áreas de atuação. Por exemplo, os estudos. A formação escolar em estabelecimentos de elite propicia às pessoas um "capital" que pode ser convertido em vantagens posteriores: no emprego, gestão de empresas, na vida artística, etc. Outro exemplo: os artistas. Ao participarem de um campo específico de conhecimento (Arte) eles acumulam um prestígio que pode ser transferido, como um investimento, para outros espaços sociais. É o caso da relação entre a arte e o luxo, essas duas configurações de sentido partilham valores afins (raridade, singularidade). Os artistas ao se deslocarem de um campo para outro levam na bagagem a legitimidade que possuem, ela funciona como moeda capaz de lhes trazer dividendos em um campo que lhes é estranho (o luxo). A visibilidade dos influenciadores não se reduz ao simbólico, ela pode ser "convertida em dinheiro" através da monetização (lembro que a ideia de conversão possui um fundo religioso). Neste sentido, ela possui uma dupla face: autoridade e remuneração. A necessidade da mensuração advém desta duplicidade, pois o valor atribuído ao visível deve ser traduzido em índice contábil. Passa-se assim do reconhecimento (ele é restrito) ao mercado. Há desta forma uma institucionalização do prestígio, a visibilidade deve ser mensurada e celebrada. Para isso surgem as instâncias de consagração da autoridade: Influencers Marketing Awards, International Influencers Awards, World Influencers & Bloguers Awards, Social & Influencer Lions (no Brasil: Prêmio dos Influenciadores Digitais). Os rituais de premiação consagram determinadas práticas e habilidades, evidenciam a excelência de algo que se torna público.

INFLUIR OU INFLUENCIAR

À PRIMEIRA VISTA TUDO INDICA que os influenciadores seriam as novas celebridades da contemporaneidade, entretanto, a aparência toca apenas a superfície das coisas. Um aspecto diz respeito à dimensão pessoal, e neste caso é interessante problematizar o tema da distância. Lembro que em sua origem *influentia* vinha marcada pela ideia de causalidade à distância; afastados de nós os astros exerciam seu influxo, uma força misteriosa agiria no espírito mesmo dele afastada. As celebridades têm muito disso, despertam em nós um "amor longínquo". De fato, elas se apresentam em público através de suas qualidades privadas, sua figura é revestida de dotes pessoais e íntimos. Esta é a condição para que o vínculo entre a celebridade e os que a contemplam seja convincente. Os gostos, preferências, frustações, alegrias, tristezas, são atributos de seu traço intransferível, pertencem à singularidade de um Ser. Cada adjetivo que a ela se acrescenta (maravilhosa, simpática, insuportável, indiferente, hesitante, etc.) agrega uma camada de legitimidade ao substantivo que a exprime. Os interacionistas simbólicos (fazem parte de uma escola sociológica) dizem que o reconhecimento decorre da interação de pelo menos duas pessoas. O olhar que identifica o outro de uma certa maneira também se revela. O ato de reconhecimento tem duas pontas, aquele que é reconhecido e quem reconhece; a visibilidade de uma delas retira momentaneamente o outro das sombras. As celebridades fazem parte de um mundo extraordinário, fora do comum, esse é o seu apelo; integram um lugar que se furta à redundância do dia a dia. Não é casual que em seu passado recente elas se confundiam com as estrelas, divas e heróis, chamava a atenção seu razoável grau de extravagância. Desta forma, o extraordinário se aproxima do ordinário, ver e ser visto faz parte da dialética do visível. Por um instante, aquele que se encontrava à sombra, em sua vida insípida e indiferenciada, é tocado pelo clarão do visível. Entretanto, a proximidade conquistada é apenas um arranjo temporário, uma farsa consentida (todos os envolvidos têm consciência disso), a rigor, a distância em nenhum momento é anulada. As celebridades são "estranhos íntimos" (uso um *insight* de Richard Schickel), vivem afastadas do comum dos mortais, mas se apresentam como "familiares", "vizinhas", "amigas". A intimidade construída nas revistas, entrevistas e declarações públicas, é um artifício para se preencher o abismo que os separa.

O caso dos influenciadores é distinto, a relação entre interação e visibilidade é de outra natureza. Habitantes da internet eles usam seus recursos para maximizar suas intenções. A interatividade que cultivam é fruto da tecnologia à disposição, a rede permite que dois ou mais indivíduos se comuniquem entre si em tempo real ou não. O meio digital proporciona formas variadas de aproximação com o público, esta é a diferença fundamental entre site e blog. Um site possui uma feição institucional sendo geralmente utilizado por empresas, universidades, partidos políticos, companhias aéreas, etc. Não têm a necessidade de serem atualizados a todo momento; uma vez definido o padrão da página Web as correções se fazem esporadicamente. Também a comunicação com o público é limitada, faz-se, sobretudo, através da caixa “contato”. O usuário escreve sua demanda ou opinião e após um intervalo de tempo alguém responde. Um blog é mais ágil (deve, inclusive, ser atualizado com frequência), permite uma relação mais personalizada com o usuário.

Os influenciadores dão preferências aos blogs por causa de suas qualidades comunicativas. Contrariamente às celebridades, precisam estar próximos de seus seguidores. O relacionamento que prezam se faz “cara a cara”, daí a uma certa preferência pelo uso da imagem e não tanto da linguagem escrita; os vídeos reforçam o sentimento de contiguidade, de horizontalidade das relações. Há, pois, uma valorização da dimensão pessoal, uma espécie exasperação do Eu. A jovem influenciadora especializada em cabelo ou pets deve veicular o conteúdo de sua intervenção de maneira acessível (diferente dos intelectuais ou mediadores, que trabalham com conteúdos menos compreensíveis), compartilhável (links de conexão com os outros), mas sobretudo inserindo-o em uma interação amigável, fraterna.

Os influenciadores falam para e com as pessoas, conversam, veiculam aquilo que "foi feito para elas". A subjetividade de cada um conta e a linguagem utilizada valoriza o aspecto idiossincrático. A conversa é a expressão da afinidade entre subjetividades distintas, ela deve ser fluída, informal, cálida. A trama digital posiciona o usuário numa situação na qual a interação não se restringe ao campo da visão, ele ouve e fala, seu papel é de um elemento ativo no processo de comunicação. Por isso os detalhes dos pequenos fatos da vida quotidiana são relevantes. A jovem apresentadora diz que foi a praia, mas voltou mais branca, usou muito protetor solar; os seguidores comentam no chat, "você está maravilhosa", "linda, não acham"? Outra conta os segredos de como conquistar as pessoas; durante sua explanação os usuários comentam: "tu nasceu pra fazer isso mulher", "você é muito didática, ganhou mais uma inscrição", "demais seu conteúdo, que leveza que simpatia". Os temas banais não são simplesmente banais, aproximam aqueles que se encontram separados. A interação tem êxito quando tal exigência, envolvendo emoção, espontaneidade, humor, se realiza. Os compêndios de marketing insistem sobre a importância de se construir laços emocionais com o consumidor, orientam as pessoas a explorar o engajamento do outro: "deixe que eles falem", "conte uma história", "seja você mesmo". As técnicas de promoção dos produtos na internet (diz-se *lovemarks* na linguagem do mercado) têm como objetivo criar conexões emocionais com os clientes. A marca deve ser reconhecida e percebida como "sincera". A proximidade torna-se assim um parâmetro de eficácia e influência, o afastamento as deixaria incompletos. Porém, isso retira dos influenciadores a aura do extraordinário manifesta no mundo das celebridades, a distância preserva a dimensão de sagrado, o contraste com o profano. O majestoso se aninha na raridade naquilo que transcende o cotidiano, a separação substantiva dos polos em contato alimenta o "sonho" do excepcional. A proximidade entre o plano do influenciador e do influenciado favorece a funcionalidade da intenção, mas a transforma em algo corriqueiro, banal.

Outro aspecto refere-se à questão da visibilidade. Celebridades e influenciadores dependem dos meios técnicos existentes, sem eles o visível se turva. Da invenção da fotografia à internet tem-se um aprimoramento constante das formas de comunicação na esfera pública. Entretanto, há uma espécie de divisão do trabalho em relação a esses recursos. O capital simbólico das celebridades utiliza uma diversidade de meios para exibir seu valor: revistas, jornais, publicidade, out-doors, cinema, rádio, televisão, internet. Não há propriamente uma hierarquia entre eles, interessa desvelar ao outro as personalidades célebres, elas estão "em todos os lugares", sua virtude é a onipresença. Vê-se a estrela de cinema nos filmes, nos festivais (Oscar ou Cannes), nas páginas das revistas, nos programas de televisão, nos out-doors de Cartier ou Dior. A circulação entre áreas tão distintas evidencia a rentabilidade de um capital simbólico que pode ser investido em domínios os mais variáveis possíveis. Os influenciadores restringem sua atuação às margens da internet, habitam uma franja espacial na qual entretém seus seguidores. O próprio termo seguidor é restritivo, os amarra a uma complementaridade da qual não se pode escapar. Na verdade, quanto mais êxito têm, tornam-se reféns de sua própria audiência.

Os influenciadores são movidos a likes e compartilhamentos sua verdade reside na perenidade instável do presente. A visibilidade é sempre incerta, oscilante. Isso se exprime claramente na ideia de atualização. A rigor ela significa: manter atual o conteúdo de um site ou blog. De fato, é necessário corrigir e trazer novas informações para os usuários, seja uma empresa ou outro tipo qualquer de empreendimento. As páginas Web, além de "lincar" com outras páginas, são normalmente ajustadas em função do que se quer transmitir ao usuário. Mas a simples diferença entre site e blog indica a necessidade de táticas distintas; o trabalho de atualização de um blog deve ser permanente, seu conteúdo é efêmero. Ele exige uma incessante adequação das informações. Não se trata de simples correção de rumo, uma incidência pontual, a interação precisa ser alimentada caso contrário definha. Os influenciadores vivem sob a ameaça constante das sombras, buscam esquivar-se do pecado mortal da invisibilidade. Há assim uma obsessão por aquilo que pode ser adicionado como item para prender a respiração do outro. A resposta à pergunta, "como atualizar um blog", é de uma premência inadiável.

Os influenciadores devem ainda levar em consideração o feedback do seguidor, isto é, suas dúvidas e inquietações. A resposta precisa ser imediata, sem maiores delongas, especialmente em relação aos "convertidos", eles demandam uma atenção permanente. Isso significa que os laços entre influenciador e influenciado são fracos, a necessidade de estimulá-los é a evidência de sua debilidade. Um esforço contínuo se realiza para que não caiam no esquecimento. Há maneiras de se contornar essa angústia, por exemplo, tornar a memória de um blog acessível. Isso se faz com a gravação dos conteúdos e sua disponibilização em arquivos, como em uma biblioteca o usuário pode consulta-los. Porém, neste caso a interação é nula e a expectativa de ver e ser visto, imperceptível. O problema resume-se a como construir uma memória coletiva de um território compartilhado incapaz de se revelar como tal. Existem duas dimensões que marcam a memória: o tempo e o espaço. O traço temporal é evidente em si mesmo, toda memória vive da atualização das lembranças, da projeção do passado no presente, esta é forma de se escapar à corrosão do esquecimento. O ato mnemônico é o artifício que assegura sua perenidade. Entretanto, ele não pode se furtar da dimensão do espaço. A memória coletiva dos grupos deve ser periodicamente ritualizada, a celebração é o mecanismo que a perpetua. Como nos ensinam os historiadores, os monumentos e ruínas constituem "lugares de memória", neles se encarnam as marcas do pretérito. Outro exemplo: o candomblé. Roger Bastide dizia que a memória coletiva africana, diante das condições adversas e destrutivas da escravidão, para não desaparecer, secretava um lugar particular para sua manifestação: os terreiros. Desta forma a reminiscência do passado africano conseguiu incrustar-se em um nicho ao abrigo da destruição colonial. Os influenciadores vivem em espaços específicos, a pergunta a ser feita é: como trabalham as lembranças e o esquecimento. Com o advento da web a questão da memória toma outra feição. O mundo digital caracteriza-se pelo volume e pela velocidade da informação, de alguma maneira ele torna o presente uma dimensão superlativa de nossas experiências, como não pudéssemos escapar do instantâneo (diz o ditado popular sobre as redes sociais: "*you need at least one picture daily, if not, you are dead"*). Esta face hiperbólica da verdade digital expressa-se claramente na tese do direito ao esquecimento. Neste caso a expansão informática é percebida como um constrangimento à liberdade individual, reivindica-se assim uma "retirada do mundo" (um pouco como faziam os monges na Idade Média), assegurando-se uma abstenção em relação ao presenteísmo imanente. Posso então retirar minha pessoa (a máscara através da qual me exprimo no espaço público) da rede de comunicação que me envolve. Mas sublinho, tal atitude, ou se preferirem direito (apenas alguns países o regulam), aplica-se apenas a mim, um indivíduo, e não ao ecossistema dos bits em sua totalidade. O presenteísmo da internet é uma imposição do próprio meio tecnológico, estamos todos interligados e devemos assim permanecer. O esquecimento torna-se assim sua negação, seu apagamento.

Porém, para recordar é preciso que nos encontremos unidos em torno de um grupo específico no qual a memória se encarna e se atualiza. A coesão do grupo (diria Halbwachs) constituiria o antídoto ao vírus do esquecimento. Neste sentido o eufemismo comunidade é esclarecedor, o mundo digital o redescobriu para camuflar suas próprias insuficiências. Retomo uma ideia de Tönnies (sociólogo alemão do século passado) para desenvolver minha argumentação. Ele cunha uma diferença conceitual entre "sociedade" e "comunidade". A primeira seria fruto da modernidade industrial, corresponderia a um tipo de formação social na qual os indivíduos vivem juntos, mas encontram-se separados. Ela se caracteriza pelo anonimato, seus membros são estranhos que habitam um mesmo lugar (por exemplo, uma metrópole urbana). A comunidade, herdeira da tradição, é o seu polo oposto, nela as relações sociais se fazem frente a frente, todos se conhecem e se reconhecem (uma aldeia rural). Isso implica em diferença de volume e densidade territorial, a sociedade é extensa e volumosa, nela convivem um grande número de pessoas, a comunidade é restrita, agrega um grupo limitado delas. Pode-se então dizer: por mais que se unam as pessoas em uma sociedade elas permanecem afastadas umas das outras; por mais que se separe as pessoas a comunidade as mantém unidas. Neste sentido, a heterogeneidade de uma metrópole urbana se impõe a despeito de todo esforço feito para "juntar" as pessoas que aí vivem. A forma social metrópole, em sua natureza, impede a criação de vínculos permanentes entre elas. Em contrapartida, os habitantes de uma aldeia rural, mesmo quando separados (por exemplo, pela imigração) preservam algo que os aproxima e os transcende.

O uso frequente do termo comunidade para caracterizar o ecossistema digital pretende justamente evocar essa dimensão de vizinhança, a existência de um lugar no qual os "amigos" e "conhecidos" se encontram. Entretanto, um eufemismo não é um conceito, ele apenas atenua o seu sentido. Trata-se, como se dizia na origem do termo, de um recurso estilístico para empregar uma palavra favorável no lugar de outra de mau augúrio. O espaço dos influenciadores tem dificuldade em forjar laços duradouros de solidariedade entre aqueles que dele participam. O vínculo vem marcado pelo utilitarismo que a noção de influência pressupõe. A comunidade conquistada é funcional, traz resultados e dividendos, mas é incapaz de religar, como as ideologias ou as religiões, as pessoas que aí circulam. Há uma diferença entre ser membro de uma comunidade e acessar uma comunidade digital. O grupo de bebedores de Campari possui algo em comum, apreciam a bebida, apenas isso. Apesar da ilusão das pesquisas mercadológicas que a todo custo buscam encontrar pontos de continuidade deste "estilo de vida", não há uma amálgama que os solde em um vínculo orgânico. Os participantes de um grupo solidário (igrejas, família, partidos políticos, amizades) comungam uma memória em comum, eles se encontram, presencial ou digitalmente, em torno do mesmo eixo (eu me refiro à ideia de axial). Os vínculos entre eles são sólidos, os amarram a uma *comunitas*. O acesso diz respeito à circulação, os usuários que se movem no interior de determinado território digital possuem preferências e opiniões, mas não se "reúnem", estão posicionados lado a lado (há uma diferença entre contiguidade digital e encontro).

A internet torna o virtual presencial, conecta os indivíduos em seu território amplificado; porém, a ideia de conexão não significa necessariamente que elas estejam integradas a uma mesma totalidade. Um bom exemplo disso diz respeito ao processo de globalização. As tecnologias disponíveis certamente aproximam os indivíduos a despeito do lugar geográfico no qual se encontram (a pergunta que se faz quando alguém fala no celular é: "onde você está"). Elas encurtam a distância estabelecendo um tipo de interligação planetária. Mas não existe uma comunidade global de indivíduos, tem-se apenas a possibilidade de encontra-los em lugares distantes. A noção de integração é de outra natureza, implica a existência de uma memória coletiva partilhada por um conjunto específico de pessoas, mas não "todas elas". Parafraseando Tönnies pode-se dizer que na internet o esforço de aproximação é insuficiente para manter juntas as pessoas, elas certamente se veem e se cruzam, mas não se encontram. O dilema ilusoriamente se resolve quando se busca dar concretude a uma ficção socialmente legitimada; comunidade alude assim a um significado deslocado de sua intenção original (não estamos diante de um neologismo). O tema traz ainda outra questão, valoriza a horizontalidade das relações. As celebridades são estranhos íntimos, pairam sobre os indivíduos, em contrapartida, os influenciadores estão ao alcance da mão, revelam-se a seus seguidores. Porém, a horizontalidade cria um impasse, coloca limites para a amplitude daquilo que se almeja. Os influenciadores desconhecem a ubiquidade das celebridades, estão amarrados a seus lugares. A comunidade digital é o segmento de um mundo que lhe escapa. Se a internet é composta por uma miríade delas o visível é encoberto pelas sombras que o circundam.

A ideia de influência implica a competência de alguém em conduzir a conduta dos outros, para isso o emissor de uma mensagem deve possuir a virtude da persuasão. Ela contém assim uma dimensão da retórica, isto é, a capacidade de descobrir o que é adequado com o fim de persuadir. Impactar e influenciar convergem em relação a busca de resultados. Os eruditos nos ensinam que a retórica nasce na Antiguidade helênica, os sofistas a inventam. Entretanto, eles insistiam em dizer que a verdade inexiste, as coisas conteriam sempre uma multiplicidade de interpretações dependendo do ponto de vista de cada um. A revelia do que se quer afirmar o importante seria convencer os outros da veracidade de qualquer tipo de afirmação (daí se privilegiar a eloquência).

Dentro desta perspectiva o certo e o errado seriam minimizados, o que confere à ideia de retórica uma conotação marcadamente negativa; ela seria o oposto da Filosofia (o "verdadeiro" saber) e teria unicamente o intuito de manipular o outro (atribui-se a Platão o fato de tê-la rotulado como um falso saber). A herança pejorativa do termo a acompanha em toda sua história, em particular em sua associação com a publicidade moderna, técnica de persuasão por excelência. Mas essa dimensão restritiva contém apenas uma parte de seu significado. Certamente convencer é o objetivo primeiro da retórica, o orador imprime um ritmo eloquente às palavras e com gestos de um ator teatral busca cativar o auditório. Ele fala para alguém, quer persuadi-lo de sua autenticidade. Daí a importância das regras do bem falar, a oratória. Há inclusive um termo peculiar para denominar a abertura do discurso retórico, cujo intuito é prender a atenção do interlocutor desde o início da exposição: exórdio. Os romanos o chamavam de *capitatio benevolaentiae* que literalmente significava captar a benevolência do público; por exemplo, ao se iniciar uma palestra ou uma conferência diz-se: "é uma honra para mim falar para pessoas tão qualificadas". A frase procura estabelecer uma relação de simpatia com os ouvintes. O público, diziam os gregos *pathos*, apreciava ainda as emoções e a narração não poderia deixar de leva-las em consideração; a oratória vinha marcada pela paixão. Público e orador partilhavam e se encontravam no terreno comum dos sentimentos. Porém, a arte da retórica não se resume a isso, ela contém uma parte argumentativa na qual a razão predomina; é preciso expor sistematicamente os argumentos, ordená-los dentro de uma lógica que fundamenta sua apresentação. O orador briga com as ideias, disputa seus significados, marca suas insuficiências para encontrar o melhor caminho do discurso. Isso é fundamental para convencimento do outro. O interlocutor pode aceitar ou não os argumentos expostos, contradizê-los, criticá-los; mas eles precisam ser sistematizados dentro de uma ordem discursiva. O convencimento se faz através da formação de um juízo. Neste sentido, retórica e influência são termos que recobrem campos semânticos distintos. A relação entre a retórica e a intenção é mediada por um conjunto de etapas (ethos + páthos + logos; orador + auditório + conhecimento), cada uma delas constitui um elo necessário para o convencimento do outro. *Ethos* nos remete à credibilidade do orador que enuncia determinada afirmação; *páthos* à utilização dos sentimentos como meio de persuasão; *logos* o conhecimento racional no qual se funda o processo. A relação entre a influência e o objetivo a ser alcançado é imediata, instrumental, a persuasão se restringe ao domínio da causalidade.

Mas os influenciadores realmente têm influência? Estaríamos diante de um neologismo ou de um eufemismo? As dúvidas são pertinentes pois a única evidência palpável que se tem decorre da mensuração. Acredita-se que o número de seguidores e o volume da interação com o influenciador ateste a substância de algo que desconhecemos; porém, os dados obtidos nada dizem de substantivo sobre o conteúdo do processo, apenas o quantificam. Na verdade, a dúvida é alimentada pelos próprios navegantes da internet. Os especialistas recorrentemente explicam que para se fazer um blog de sucesso é preciso evitar os erros e as manipulações. Há vários passos para isso e eles não se resumem a dilemas técnicos, tipo qual a ferramenta digital apropriada a ser empregada. Existe um conjunto de recomendações que constituem uma espécie de ideal normativo para se contornar um eventual fracasso: não obrigar as pessoas a se cadastrar; não escrever palavrões; responder aos comentários dos usuários; utilizar uma linguagem direta e compreensível; evitar de se colocar propaganda em excesso. Atualizar, gerar conteúdos, apresentar-se em público, o que escrever ou dizer, são variáveis incertas. O ceticismo é constitutivo do ecossistema digital. Daria certo? Há ainda outros indícios de incerteza, são inúmeras as notícias sobre os falsos influenciadores, pois existem maneiras de burlar a avaliação das atividades digitais: compra de "curtidas" e comentários, exagerar o número de seguidores. A influência encontra-se assim em disputa, o resultado obtido atestaria o engano, não necessariamente a verdade. Existe uma dúvida latente em relação à autenticidade dos empreendimentos. Como comprovar sua veracidade? Para isso há firmas especializadas que fazem o controle de qualidade das atividades digitais, elas produzem estatísticas e relatórios de análises nos quais são considerados diferentes aspectos: o volume de engajamento em relação ao número de seguidores (muitos seguidores e baixa interação é sempre um indício suspeito); a consistência das publicações; a comprovação que o influenciador se envolve realmente em conversas com os seguidores. Em princípio essas instituições funcionariam como uma espécie de chancela do original, do autêntico, em contraposição ao embuste das falsificações; elas, apenas elas, conheceriam a trilha do esclarecimento.

Os antropólogos dizem que a magia é uma técnica para se realizar determinado objetivo (isso a diferenciaria da noção de religião que não seria meramente instrumental): curar uma doença, conquistar a mulher do próximo, ganhar dinheiro, conseguir um emprego. O feiticeiro é o especialista capaz de organizar o procedimento ritualístico e orientar as pessoas. Ao ser consultado ele recomenda uma série de atos: jejuar durante a lua cheia, tomar um banho de imersão com ervas, evitar as relações sexuais. Na maioria das vezes os atos mágicos falham, torna-se necessário repetir o ritual e eliminar os equívocos anteriores (as ervas estavam estragadas; o horário escolhido não condizia com a lua cheia, etc.). O desfecho a ser alcançado exige uma revisão dos procedimentos, agora envolvidos por maiores cuidados. Os equívocos podem e devem ser refeitos para se atingir plenamente o que se aspira. Disso decorre uma implicação lógica: o fracasso não debilita a crença, pelo contrário, ele a reforça, ela se fortalece em função de suas insuficiências, a correção é o mecanismo que solidifica a veracidade de sua incompletude. A frustação não abala seu fundamento, o ato mágico será repetido, refeito, e certamente dará frutos no futuro. Basta consultar os autênticos feiticeiros, fielmente seguir as instruções ministradas e os problemas desapareceriam. A crença na influência tem muito disso, repousa na dialética entre a certeza e a suspeição, os astros cegamente atestam sua verdade (como os feiticeiros, os influenciadores existem, "*que los hay los hay*" diz o provérbio espanhol), mas a desconfiança aponta para sua condição efêmera. Não há nada que demonstre sua verdadeira manifestação, mas a ilusão coletiva a torna convincente. Talvez devêssemos considerar que *influentia* apenas influi sem influenciar, seria uma maneira de limitar seu alcance dentro de um razoável princípio de realidade. Entretanto, isso retiraria da crença o charme do encantamento, o enigma da distância que modela o destino.

BIBLIOGRAFIA

Adorno, Theodor W. "A indústria cultural" in Gabriel Cohn (org.) *Comunicação e Indústria Cultural,* São Paulo, Editora Nacional, 1978.

Alberone, Francesco. *L'Élite Senza Potere,* Milano, Società Editrice Vita e Pensiero, 1963.

Altamirano, Carlos. *Intelectuales: notas de investigación sobre una tribu inquieta,* Buenos Aires, Siglo XXI, 2013.

Bastide, Roger. *As Religiões Africanas no Brasil,* São Paulo, Livraria Pioneira, 1971.

Baudelaire, Charles. *Le Peintre de la Vie Moderne,* Paris, FB Éditions, 2014.

Benda, Julien. *A Traição dos Intelectuais,* São Paulo, Editora Peixoto Neto, 2007.

Benjamin, Walter. "A Paris do Segundo Império em Baudelaire" e "Pequena História da Fotografia" in Fávio R. Kothe (org.), *Walter Benjamin,* São Paulo, Ática (Coleção Grandes Cientistas Sociais), 1985.

Boorsting, Daniel. *The Image: or what happened to the American dream,* New York, Atheneum, 1961.

Breton, Philippe. *História da Informática,* São Paulo, Editora Unesp, 2001.

Bourdieu, Pierre. *As Regras da Arte,* São Paulo, Companhia das Letras, 1996.

Bueno, Maria Lúcia. "Da gastronomia francesa à gastronomia global: hibridismos e identidades inventadas", Caderno CRH, vol.26, edição 78, 2016.

Chandler, Alfred. *The Visible Hand,* Cambridge (Mass.), Belknap Press, 1977.

Condorcet, Marquês de. *Esquisse d'um Tableau Historique de l'Esprit Humain,* Paris Hachette, 2012.

Gramsci, Antonio. *Gli Intellettuali,* Torino, Le Idee Editori Riuniti, 1975.

Habermas, Jürgen. *L'Espace Public,* Paris, Payot, 1978.

Halbwachs, Maurice. *La Mémoire Collective,* Paris, PUF, 1968.

Heinich, Nathalie. *De la Visibilité,* Paris, Gallimard, 2012.

Lasswell, Harold. D. "A estrutura e a função da comunicação na sociedade" in Gabriel Cohn, (org.) *Comunicação e Indústria Cultural,* São Paulo, Editora Nacional, 1978.

Le Bon, Gustave. *A Psicologia das Multidões,* São Paulo, Martins Fontes, 2008.

Martin-Barbero, Jesus. *Dos Meios às Mediações,* Rio de Janeiro, Editora UFRJ, 2021.

Monaco, James. *Celebrity,* New York, Delta, 1978.

Morin, Edgar. *Les Stars,* Paris, Éditions du Seuil, 1972.

Ortiz, Renato. *O Universo do Luxo,* São Paulo, Alameda, 2019.

. *Universalismo e Diversidade,* São Paulo, Boitempo, 2015.

. "As celebridades como emblema sociológico", Sociologia e Antropologia, vol.6, nº 3, 2016.

Packard, Vance. *The Hidden Persuaders*, London, Longmans Green, 1957.

Pritchard, Evans. *Bruxaria, Oráculos e Magia entre os Azandes*, Rio de Janeiro, Zahar, 2004.

Rojek, Chris. Celebrity, London, Reaktion Books, 2001.

Rosenberg, Bernard; White, David M. (ed.) *Mass Culture*, New York, The Free Press, 1964.

Schikel, Richard. *Intimate Strangers: the cult of celebrity*, New York, Doubleday, 1985

Tönnies, Ferdinand. "Comunidade e Sociedade" in Florestan Fernandes (org.) *Comunidade e Sociedade: leitura sobre os problemas conceituais e de aplicação*, Cia Editora Nacional, 1973

Weber, Max. *Ensaios de Sociologia*, Rio de Janeiro, Zahar, 1974.

Zola, Émile. "J'Accuse: lettre au president de la République" (13 janvier 1889) in *Zola: Affaire Dreyfus*, Paris, Le Livre de Poche (Clássicos), 2016.

Alameda nas redes sociais:
Site: www.alamedaeditorial.com.br
Facebook.com/alamedaeditorial/
Twitter.com/editoraalameda
Instagram.com/editora_alameda/

Esta obra foi impressa em São Paulo no outono de 2025. No texto foi utilizada a fonte Arno Pro Caption em corpo 10, 75 e entrelinha de 17 pontos.